Paul Elvere DELSART

Le Papillon Source
Proyecto Torreblanca

2024

Ediciones EL4DEV

Notas legales

Ediciones EL4DEV

(Asociación francesa "Le Papillon Source EL4DEV")

18 avenue de Gradignan - 33850 Léognan - FRANCE

Información legal

El código de propiedad intelectual sólo autoriza, por un lado, únicamente "copias o reproducciones estrictamente reservadas al uso privado del copista y no destinadas a un uso colectivo" y, por otro, con sujeción al nombre del autor y la fuente. , que los análisis y citas breves justificados por el carácter crítico, polémico, educativo, científico o informativo, cualquier representación o reproducción total o parcial, realizada sin consentimiento del autor o de sus derechohabientes, es ilícita.

Por lo tanto, cualquier representación o reproducción, por cualquier medio, en particular mediante descarga o impresión, constituirá una infracción sancionable según el código de propiedad intelectual. »

Depósito legal: junio 2024

Resumen

Prefacio

Estimados lectores,

Este libro es una exploración profunda y comparativa de los dos proyectos principales que podrían transformar la comuna de Torreblanca: el PAI del Golf de Torreblanca y el proyecto innovador llamado LE PAPILLON SOURCE. En estas páginas, examinaremos en detalle las implicaciones, las ventajas y los desafíos de cada uno de estos proyectos, ofreciendo a los habitantes y a los representantes municipales una perspectiva clara e informada para ayudarles en su toma de decisiones.

El PAI del Golf de Torreblanca es un proyecto ambicioso, diseñado hace más de dos décadas, que tiene como objetivo desarrollar una vasta zona residencial y turística con más de 4 400 viviendas, hoteles, zonas comerciales y un campo de golf de más de 600 000 metros cuadrados. Este proyecto promete estimular la economía local, atraer nuevos residentes y turistas, y crear empleos. Sin embargo, también plantea cuestiones cruciales sobre la sostenibilidad ambiental, el suministro de agua y los impactos sociales a largo plazo.

LE PAPILLON SOURCE, que fundé y que llevo a cabo, por otro lado, representa una visión radicalmente diferente del desarrollo local. Este proyecto de parques temáticos alter-mundialistas, autogestionados, agroclimáticos y educativos propone regenerar los ecosistemas locales mientras produce una agricultura de subsistencia. Basándose en un modelo de financiación participativa y colaborativa, que involucra a varias comunas formando un Grupo de Interés Económico con vocación social, LE PAPILLON SOURCE aspira a convertirse en un motor de transformación social y ecológica. Se presenta como una alternativa al turismo de masas, poniendo énfasis en la sostenibilidad, la educación y la autosuficiencia.

Este libro no se limita a presentar estos dos proyectos; los compara en profundidad. Analizaremos su potencial económico, sus impactos ambientales, sus implicaciones sociales y las perspectivas de desarrollo que ofrecen. Evaluaremos cómo cada uno de ellos podría responder a las necesidades y aspiraciones de la comunidad de Torreblanca y sus alrededores.

Los habitantes de Torreblanca y sus representantes municipales enfrentan una elección determinante. Sus decisiones moldearán el futuro de su comuna, influyendo no solo en la economía local sino también en la calidad de vida, la preservación del medio ambiente y el posicionamiento de Torreblanca en el mapa mundial del turismo y del desarrollo sostenible.

Al recorrer este libro, espero ofrecer una visión esclarecida y equilibrada de los dos proyectos. Deseo proporcionar a los responsables locales y a los ciudadanos la información necesaria para sopesar las ventajas y desventajas, y para elegir el camino que mejor alinee a Torreblanca con sus valores y objetivos a largo plazo.

Les invito a sumergirse en este estudio comparativo y a participar en este diálogo crucial sobre el futuro de Torreblanca. Juntos, hagamos la elección que conducirá a un futuro próspero, sostenible y armonioso para esta bella comuna.

Paul Elvere DELSART

Presentación del autor

Paul Elvere DELSART es un Ingeniero social francés, un Ecoemprendedor, el Director del Programa Multidisciplinario de Ingeniería Participativa y Construcción Social denominado EL4DEV, un Autor / Editor de novelas y cuentos de anticipación (Ciencia ficción social - Ficciones especulativas) en entornos reales y un Artista autodidacta.

Es notablemente el autor de los universos y subuniversos de Ficción social llamados **El Imperio Verde de Oriente y de Occidente** (la **Confederación EL4DEV**), **LE PAPILLON SOURCE**, **Las Calderas Vegetales** y **La Civilización de los Gatos**.

Utiliza la ficción social para desencadenar la innovación social.

En particular, asume su rol como **emprendedor visionario** desarrollando soluciones a problemas sociales, ambientales y diplomáticas para, en última instancia, **crear empresas sociales innovadoras e interconectadas** y luego un **nuevo modelo de desarrollo**.

1 – Los habitantes tienen la elección entre dos grandes proyectos en Torreblanca

LE PAPILLON SOURCE

LE PAPILLON SOURCE es una iniciativa mundial destinada a canalizar la creatividad, el intelecto, las operaciones y las finanzas de las naciones para un objetivo común:

- la regeneración de los ecosistemas locales y el desarrollo sostenible,
- la autonomización de las pequeñas comunas y poblaciones,
- la cooperación internacional e intercomunal,
- la atribución de un papel emprendedor y social a las pequeñas comunas,
- la disminución progresiva de la importancia de los intercambios económicos en las relaciones internacionales a favor del aumento de los intercambios intelectuales y culturales,
- la inclusión social a nivel local, nacional e internacional,
- la cohesión comunitaria.

Este proyecto está diseñado como una sociedad alternativa y ética, implicando complejos eco-paisajísticos experimentales, agroclimáticos, agroturísticos y educativos. Estos lugares, concebidos de manera participativa, son autogestionados e interconectados a nivel mundial, constituyendo una red de vitrinas para un futuro mejor y más sostenible. En resumen, estos lugares son:

- Espacios para experimentar individual y colectivamente,
- Espacios para compartir el conocimiento,
- Viveros de proyectos sociales transformadores,
- Motores que regeneran los entornos degradados,
- Viveros para la creación de nuevos ecosistemas,
- Conservatorios botánicos,
- Refugios para aves y abejas,
- Lugares completamente autónomos,
- Modelos de lo que podría ser un mundo mejor,
- Vitrinas de un futuro prometedor,
- Escuelas de un nuevo tipo.

Están:

- Implantados en los cinco continentes,
- Interconectados, imaginados, concebidos y construidos por la comunidad internacional, desde cada país del mundo, en todos los idiomas.

LE PAPILLON SOURCE es un sello.

PAI del Golf de Torreblanca

El Plan de Acción Integrado (PAI) del Golf de Torreblanca es un proyecto de urbanización ambicioso, iniciado en 2003 y recientemente reactivado. Tiene como objetivo desarrollar cerca de dos millones de metros cuadrados, incluyendo 4 400 viviendas, zonas comerciales, hoteles y un campo de golf de más de 600 000 metros cuadrados. Este proyecto se centra en la estimulación del turismo y de la economía local mediante un desarrollo residencial y recreativo.

2 - Comparación del proyecto LE PAPILLON SOURCE con el PAI del Golf de Torreblanca

Los proyectos LE PAPILLON SOURCE y el PAI del Golf de Torreblanca, aunque tienen como objetivo estimular el desarrollo económico y social de Torreblanca, difieren fundamentalmente en términos de sus objetivos, enfoques e impactos a largo plazo. A continuación, se presenta una comparación detallada de los dos proyectos.

Objetivos y Visión

A- LE PAPILLON SOURCE LE PAPILLON SOURCE es ante todo un proyecto social y ambiental, centrado en la creación de ciudades agroclimáticas autosuficientes (parques temáticos alternativos/altermundialistas y educativos) y complejos vegetales experimentales autogestionados también educativos. Sus principales objetivos son:

- **Estabilidad y Seguridad Alimentaria**: Producir cultivos de calidad de manera sostenible para garantizar la seguridad alimentaria local.
- **Restauración Ecológica**: Combatir la degradación de los ecosistemas, la escasez de agua y la desertificación.
- **Promoción de la Biodiversidad**: Utilizar semillas antiguas y silvestres para reforzar la biodiversidad.

- **Bienestar Comunitario**: Crear espacios de bienestar y aprendizaje para las poblaciones locales y los visitantes internacionales.

B- PAI del Golf de Torreblanca El PAI del Golf de Torreblanca es principalmente un proyecto de desarrollo urbano y turístico. Sus principales objetivos son:

- **Desarrollo Urbano**: Construir 4 400 viviendas, hoteles, zonas comerciales y un campo de golf.
- **Estimular el Turismo**: Atraer turistas gracias a infraestructuras modernas y un campo de golf de gran envergadura.
- **Creación de Empleos**: Generar empleos locales a través de la construcción y la explotación de las nuevas infraestructuras.

Enfoque y Metodología

A- LE PAPILLON SOURCE

- **Participación Comunitaria**: El proyecto se basa en la participación activa de las comunidades locales, los gobiernos y los actores internacionales para co-crear soluciones sostenibles.
- **Agroclimático y Educativo**: Los complejos agroclimáticos y los parques educativos están diseñados para ser vitrinas de la sostenibilidad y la innovación agrícola, utilizando tecnologías verdes avanzadas.
- **Economía de Subsistencia**: El énfasis está en la producción alimentaria local y la resiliencia comunitaria, en lugar de la exportación y el lucro.

B- PAI del Golf de Torreblanca

- **Urbanización Tradicional**: El proyecto utiliza un enfoque clásico de desarrollo inmobiliario y turístico, con infraestructuras urbanas modernas.
- **Inversión Privada y Pública**: La financiación y la garantía del agua son aspectos críticos, requiriendo inversiones masivas y acuerdos con entidades como Acuamed.
- **Consumo de Recursos**: El proyecto requiere un alto consumo de agua y recursos naturales, lo que plantea preocupaciones ambientales.

Impactos Previsibles

A- LE PAPILLON SOURCE

- **Sostenibilidad Ambiental**: Al centrarse en prácticas agrícolas sostenibles y la restauración ecológica, el proyecto debería tener un impacto positivo en el medio ambiente local.
- **Fortalecimiento de las Comunidades**: Al fomentar la cooperación y la educación, el proyecto puede fortalecer la cohesión social y mejorar la calidad de vida de los residentes.
- **Modelo Replicable**: Los éxitos de LE PAPILLON SOURCE pueden servir como modelo para otras regiones enfrentadas a desafíos similares.

B- PAI del Golf de Torreblanca

- **Desarrollo Económico**: El proyecto debería estimular la economía local a corto plazo al atraer turistas y crear empleos.

- **Riesgos Ambientales**: El alto consumo de agua y la transformación del paisaje natural pueden generar impactos ambientales negativos.
- **Desafíos de Viabilidad**: La dependencia de infraestructuras costosas y acuerdos complejos para el suministro de agua plantea riesgos para la viabilidad a largo plazo del proyecto.

Conclusión

Los proyectos LE PAPILLON SOURCE y el PAI del Golf de Torreblanca representan dos visiones distintas de desarrollo para Torreblanca. El primero se enfoca en la sostenibilidad, la innovación y la participación comunitaria, mientras que el segundo apunta a un desarrollo urbano y turístico tradicional con inversiones importantes y riesgos ambientales. La elección entre estos dos enfoques dependerá de las prioridades de la comunidad y de los tomadores de decisiones locales en cuanto al desarrollo sostenible y el bienestar a largo plazo.

3 - Proyección del Proyecto LE PAPILLON SOURCE en Torreblanca y la Provincia de Castellón

El proyecto LE PAPILLON SOURCE ofrece efectivamente ventajas significativas y un potencial de proyección para la comuna de Torreblanca y la provincia de Castellón, tanto a nivel regional, nacional como internacional. A continuación, se presenta un análisis de los impactos potenciales comparados con los del PAI del Golf de Torreblanca.

Impacto a Nivel Regional

A- LE PAPILLON SOURCE

- **Dinámica Colaborativa**: El proyecto fomenta la cooperación entre las comunas de la región, creando así una red sólida de colaboración y apoyo mutuo.
- **Desarrollo Ecológico y Educativo**: Las infraestructuras agroclimáticas y educativas atraerían a expertos, investigadores y visitantes interesados en prácticas sostenibles, aumentando así el prestigio regional.
- **Restauración Ecológica**: La lucha contra la desertificación y la restauración de los ecosistemas locales mejorarían la calidad del entorno regional,

beneficioso para la salud pública y la atracción turística.

B- PAI del Golf de Torreblanca

- **Desarrollo Urbano**: El proyecto de golf y viviendas modernizaría la comuna, atrayendo potencialmente a residentes y turistas.
- **Impacto Turístico**: El aumento del turismo podría estimular la economía local a corto plazo, pero también podría provocar una sobrecarga de las infraestructuras existentes.

Impacto a Nivel Nacional

A- LE PAPILLON SOURCE

- **Modelo de Desarrollo Sostenible**: Como proyecto emblemático de sostenibilidad, podría inspirar a otras regiones de España a adoptar prácticas similares, reforzando así la reputación de la nación en materia de desarrollo sostenible.
- **Atracción de Financiamiento y Talento**: El carácter innovador del proyecto podría atraer financiamiento público y privado, así como talentos nacionales, beneficiando a toda la provincia de Castellón.
- **Educación y Formación**: Las infraestructuras educativas proporcionarían programas de formación avanzada en agricultura sostenible y restauración ecológica, mejorando las competencias y las oportunidades de empleo a nivel nacional.

B- PAI del Golf de Torreblanca

- **Desarrollo Económico**: A nivel nacional, el proyecto podría ser visto como una iniciativa de reactivación económica local, con impactos principalmente limitados al sector inmobiliario y turístico.
- **Consumo de Recursos**: El alto consumo de agua y los desafíos ambientales podrían suscitar preocupaciones nacionales sobre la viabilidad y sostenibilidad del proyecto.

Impacto a Nivel Internacional

A- LE PAPILLON SOURCE

- **Proyección Internacional**: Como modelo de innovación en agroecología y desarrollo sostenible, Torreblanca podría convertirse en un centro de excelencia internacional, atrayendo a investigadores, estudiantes y visitantes de todo el mundo.
- **Cooperación Internacional**: El proyecto fomentaría asociaciones internacionales en el ámbito de la investigación, el desarrollo tecnológico y las políticas de sostenibilidad, reforzando los lazos entre Torreblanca e instituciones internacionales.
- **Turismo Sostenible**: El énfasis en el turismo educativo y ecológico atraerá a un nuevo tipo de turismo consciente y respetuoso con el medio ambiente, aumentando el prestigio internacional de Torreblanca y Castellón.

B- PAI del Golf de Torreblanca

- **Turismo de Masa**: El proyecto podría atraer a turistas internacionales interesados en el golf y las vacaciones de lujo, pero esto también podría provocar impactos ambientales negativos y una saturación de los recursos locales.

- **Imagen Internacional**: La dependencia de un alto consumo de recursos, como el agua, podría perjudicar la imagen internacional de la región en términos de sostenibilidad.

Conclusión

El proyecto LE PAPILLON SOURCE presenta ventajas mucho más interesantes para la proyección de la comuna de Torreblanca y la provincia de Castellón, debido a su enfoque innovador, sostenible y colaborativo. Al fomentar prácticas agrícolas sostenibles, promover la cooperación internacional y atraer talentos y visitantes interesados en la ecología y la educación, LE PAPILLON SOURCE tiene el potencial de posicionar a Torreblanca como un líder mundial en desarrollo sostenible, ofreciendo así beneficios positivos a nivel regional, nacional e internacional.

4 – El Interés Evidente por el Proyecto LE PAPILLON SOURCE

El proyecto LE PAPILLON SOURCE propone una visión innovadora y sostenible del turismo, que podría efectivamente atraer a diversos públicos en España, incluyendo a los habitantes de Torreblanca y a los turistas nacionales e internacionales. A continuación se explican las razones por las que este modelo podría ser atractivo:

Para el Pueblo Español

Sensibilidad Creciente a la Sostenibilidad:

- Los españoles son cada vez más conscientes de los desafíos ambientales y muestran un interés creciente por las prácticas sostenibles. El proyecto LE PAPILLON SOURCE, con su énfasis en la regeneración de los ecosistemas locales y la agricultura de subsistencia, resuena con otras preocupaciones.
- Las iniciativas como los parques agroclimáticos y los complejos educativos ofrecen alternativas concretas a los desafíos de la sostenibilidad, lo que podría atraer a los españoles deseosos de participar en proyectos positivos para el medio ambiente y la sociedad.

Educación y Participación Comunitaria:

- Los complejos educativos y autogestionados ofrecen oportunidades de aprendizaje y participación activa. Los españoles pueden así involucrarse en proyectos comunitarios, enriquecer sus conocimientos sobre agroecología y participar en la gestión de los recursos locales.
- Los valores de cooperación y gestión comunitaria son a menudo bien recibidos en las sociedades con una fuerte tradición de solidaridad y compromiso comunitario.

Para los Habitantes de Torreblanca

Oportunidades Económicas Locales:

- El proyecto podría crear numerosos empleos locales en sectores variados: agricultura sostenible, educación, gestión de parques temáticos, etc.
- La implementación de estas infraestructuras también atraerá inversiones y financiamiento, dinamizando la economía local de manera sostenible.

Mejora de la Calidad de Vida:

- La restauración de los ecosistemas locales y la implementación de prácticas agrícolas sostenibles mejorarían el entorno de vida de los habitantes de Torreblanca.
- Las iniciativas educativas y comunitarias pueden fortalecer el tejido social y ofrecer nuevas perspectivas a los jóvenes y a los trabajadores locales.

Para los Turistas que Visitan España

Turismo Experiencial y Educativo:

- Muchos turistas buscan experiencias de viaje auténticas y educativas. Los parques temáticos alternativos y los complejos agroclimáticos ofrecen oportunidades únicas de aprendizaje e inmersión en prácticas sostenibles.
- Estos sitios podrían atraer a turistas interesados en ecología, agricultura sostenible y experiencias de viaje que van más allá del consumo tradicional de bienes y servicios.

Ecoturismo y Bienestar:

- El modelo de LE PAPILLON SOURCE, centrado en la sostenibilidad y el bienestar, responde a la creciente demanda de ecoturismo y estancias centradas en la salud y el bienestar.
- Al proponer espacios de tranquilidad, de recuperación y de contacto con la naturaleza, estos complejos ofrecen una alternativa bienvenida a los destinos turísticos de masas a menudo percibidos como estresantes y ecológicamente destructivos.

Innovaciones y Atractivo

Modelo Innovador y Visionario:

- El carácter innovador del proyecto LE PAPILLON SOURCE, como modelo de turismo alternativo y sostenible, puede atraer la atención y suscitar interés tanto a nivel nacional como internacional.
- Al ser de los primeros en adoptar este tipo de modelo, Torreblanca podría posicionarse como un pionero del

turismo sostenible, atrayendo así a visitantes curiosos de descubrir este nuevo enfoque.

Marketing e Imagen de Marca:

- La marca LE PAPILLON SOURCE puede convertirse en una etiqueta de confianza y calidad para los turistas que buscan destinos sostenibles.
- La promoción eficaz de estos valores puede fortalecer la imagen de Torreblanca y de la provincia de Castellón como destinos preferidos para viajes responsables y enriquecedores.

Conclusión

El proyecto LE PAPILLON SOURCE tiene el potencial de transformar el modelo turístico actual en España y en todo el mundo. Al enfocarse en la sostenibilidad, la educación y la gestión comunitaria, este proyecto responde a las necesidades y expectativas de un público diverso. Los españoles, los habitantes de Torreblanca y los turistas internacionales podrían encontrar en este modelo una fuente de inspiración y una alternativa atractiva a las formas tradicionales de turismo. Al adoptar este proyecto, Torreblanca podría convertirse en un líder en turismo sostenible, ofreciendo beneficios a largo plazo para la comunidad local y la región en su conjunto.

5 - LE PAPILLON SOURCE y el PAI del Golf de Torreblanca son visiones contrastadas en el ámbito social y financiero

El proyecto LE PAPILLON SOURCE y el PAI del Golf de Torreblanca representan dos visiones contrastadas del desarrollo urbano y turístico para la comuna de Torreblanca. Mientras que el primero apuesta por la sostenibilidad, la educación y la colaboración internacional, el segundo se basa en un modelo de desarrollo más tradicional, centrado en la urbanización y el turismo de masas. Examinemos estos dos proyectos en detalle para comprender sus impactos potenciales en la comuna y la región.

LE PAPILLON SOURCE

1. **Visión y Objetivos**

Innovación Sostenible: LE PAPILLON SOURCE propone parques temáticos altermundialistas, agroclimáticos y educativos, así como complejos vegetales que buscan regenerar los ecosistemas locales y producir una agricultura de subsistencia. **Modelo Colaborativo**: Este proyecto se financia de manera participativa por varias pequeñas comunas que forman un Agrupamiento de Interés Económico (GIE) con vocación social. Estas comunas colaboran con el think tank asociativo francés LE PAPILLON SOURCE EL4DEV, con

sede en Léognan, en la región de NOUVELLE AQUITAINE.
Proyección Internacional: El proyecto busca atraer visitantes
de todo el mundo gracias a sus ofertas educativas y
ecológicas únicas, promoviendo una imagen de líder en
turismo sostenible para Torreblanca.

2. **Ventajas para Torreblanca y la Región de Castellón**

Sostenibilidad Ambiental: Al centrarse en la regeneración de
los ecosistemas, la lucha contra la desertificación y la
promoción de prácticas agrícolas sostenibles, el proyecto
contribuiría a la protección del medio ambiente local.
Educación y Participación Comunitaria: Los complejos
educativos autogestionados ofrecerán oportunidades de
aprendizaje y participación activa para los residentes y los
visitantes, fortaleciendo el tejido social y el conocimiento local.
Turismo Responsable: Atraer a turistas interesados en el
ecoturismo y las prácticas sostenibles podría reducir el
impacto ambiental del turismo de masas y promover un
modelo de desarrollo más equilibrado.

3. **Modelo de Financiación y Gobernanza**

**Agrupamientos de Interés Económico (GIE) con Vocación
Social**: Cada país participante constituye su propio GIE local
de comunas para financiar colectivamente los parques y
complejos agroclimáticos y turísticos, vinculados por contratos
operativos con el think tank asociativo francés llamado LE
PAPILLON SOURCE EL4DEV. Las sumas necesarias para
financiar el diseño y la organización de eventos participativos
de cooperación intelectual y artística se adquirirán mediante
subvenciones de las comunas que se agrupan y participan.
Las sumas necesarias para financiar las obras de construcción

se tomarán de sus presupuestos de inversión respectivos (tipo de operación que realizarán: adquisición de títulos de participación) u otros títulos inmovilizados en los proyectos. Por lo tanto, las capacidades de autofinanciamiento diversas de las comunas financiarán los proyectos.

El aporte potencial total del conjunto de comunas comprometidas en el proceso, en un país dado, es muy considerable. Esta suma representa el presupuesto potencial para la comunicación local, nacional y transnacional, los eventos (ingeniería colaborativa, cooperación artística), la construcción de infraestructuras en diferentes comunas y la gestión operativa de estas infraestructuras.

Implicación de las Comunas: Las comunas participantes se beneficiarán de la copropiedad de las infraestructuras y de royalties sobre las actividades turísticas, ofreciendo retornos sobre inversión tangibles y sostenibles. Los beneficios comerciales generados por los ingresos turísticos (visitas a las estructuras, organización de eventos dentro de las estructuras en todo el territorio nacional) se repartirán equitativamente entre las comunas participantes (participación igual ya que montos únicos, independientemente del tamaño de la comuna). Estos beneficios se añadirán a los ingresos operativos de las comunas, haciéndolas cada vez más independientes de las dotaciones del Estado y de todos los organismos públicos y, por qué no, de los impuestos locales: directos o indirectos y fiscalidad económica. Esto también las hará independientes de los préstamos bancarios.

El proyecto no podrá financiarse mediante la adquisición de títulos de participación por actores privados (infraestructuras destinadas únicamente a las comunas). Por lo tanto, no habrá accionistas.

El proyecto podrá, sin embargo, ser apoyado paralelamente por financiación participativa en línea de internautas a cambio de compensaciones no financieras (crowdfunding).

Crecimiento de los GIE sociétales nacionales: Cada nuevo sitio se financiará de la misma manera, por los mismos actores. Un GIE podrá crecer continuamente y con ello, se financiarán otros sitios, en el territorio, por el colectivo social creciente de comunas.

El presupuesto de otros sitios se revisará progresivamente a la baja, ya que la gran mayoría de las soluciones técnicas se habrán diseñado de antemano. Solo quedarán modificaciones menores que hacer (adaptadas a los entornos geográficos y climáticos).

Los presupuestos dependerán en gran medida de los terrenos donde se construirán los edificios.

PAI del Golf de Torreblanca

1. **Visión y Objetivos**

Desarrollo Urbano Tradicional: El PAI del Golf, inicialmente planificado en 2003, busca construir 4 400 viviendas, zonas comerciales, hoteles y un campo de golf de 600 000 metros cuadrados en casi dos millones de metros cuadrados. **Turismo de Masas**: El proyecto se basa en la atracción de un gran número de turistas para estimular la economía local y crear empleos.

2. **Ventajas y Desafíos para Torreblanca**

Estimulación Económica: La construcción de viviendas, hoteles y zonas comerciales podría generar empleos e ingresos para la comuna, favoreciendo el desarrollo económico.

Problemas Ambientales: El consumo de agua estimado en 3,6 millones de litros por día para este proyecto plantea desafíos importantes en términos de sostenibilidad, con riesgos de sobreexplotación de los recursos hídricos y degradación ambiental.

Incertidumbres Financieras: Las estrictas condiciones de financiamiento y garantía, incluyendo los 15,6 millones de euros requeridos para el suministro de agua, crean incertidumbres sobre la viabilidad y la realización del proyecto.

3. Modelo de Financiación y Gobernanza

AIU y Asociaciones Público-Privadas: El proyecto es gestionado por un agrupamiento de interés urbanístico (AIU: Administración, Imprevistos y Utilidad) 'Azahar Sea Torreblanca', con participaciones mayoritarias de la Sociedad de Gestión de Activos procedentes de la Reestructuración Bancaria (Sareb).

Riesgos y Dependencias: La dependencia de asociaciones con entidades como Acuamed para el suministro de agua y la complejidad de los acuerdos financieros añaden capas de riesgo al proyecto.

Comparación de los Impactos

Proyección Internacional y Atractivo LE PAPILLON SOURCE: Al promover prácticas sostenibles y educativas, este proyecto podría atraer a un público internacional preocupado por el medio ambiente y las nuevas formas de turismo, reforzando así la proyección internacional de Torreblanca.

PAI del Golf: Aunque este proyecto podría atraer a turistas interesados en el golf y las estancias de lujo, se inscribe en un modelo más tradicional que podría volverse obsoleto ante las nuevas exigencias de sostenibilidad.

Sostenibilidad y Medio Ambiente

LE PAPILLON SOURCE: Este proyecto presenta ventajas ambientales significativas, con una gestión sostenible de los recursos naturales y una regeneración de los ecosistemas locales.

PAI del Golf: Los impactos ambientales negativos potenciales, especialmente en términos de consumo de agua y gestión de recursos, plantean desafíos importantes para la sostenibilidad del proyecto.

Implicación y Beneficios para la Comunidad

LE PAPILLON SOURCE: Las comunas participantes se beneficiarán directamente de la copropiedad de las infraestructuras y de los retornos financieros sobre las actividades turísticas, favoreciendo un desarrollo equitativo y sostenible.

PAI del Golf: Aunque el proyecto podría crear empleos e ingresos, las incertidumbres financieras y los riesgos ambientales pueden limitar los beneficios a largo plazo para la comunidad.

Conclusión

El proyecto LE PAPILLON SOURCE, con su modelo innovador de turismo sostenible y educativo, ofrece una alternativa más equilibrada y sostenible al PAI del Golf de Torreblanca. Al centrarse en la colaboración, la sostenibilidad y la educación, presenta ventajas significativas para la proyección internacional de Torreblanca, la protección del medio ambiente y la implicación comunitaria. Mientras que el PAI del Golf se basa en un modelo tradicional de desarrollo urbano y turístico, sus desafíos en términos de sostenibilidad e incertidumbres financieras lo hacen una opción menos atractiva a largo plazo. Además, el proyecto LE PAPILLON SOURCE es un proyecto altamente participativo que involucra directamente a las comunas locales y a los habitantes, favoreciendo la inclusión social y la cohesión comunitaria.

Finalmente, el proyecto LE PAPILLON SOURCE implica a los residentes locales en el diseño, la implementación y la gestión del proyecto, fomentando un sentido de propiedad y orgullo.

6 – Complejos con el sello LE PAPILLON SOURCE propuestos en el Prat de Cabanes-Torreblanca

El Prat de Cabanes-Torreblanca es una zona húmeda de importancia ecológica situada en la provincia de Castellón, España. Las zonas húmedas, en general, son ecosistemas frágiles pero extremadamente valiosos, que ofrecen una rica biodiversidad y servicios ecosistémicos esenciales, como la regulación del agua, la filtración de contaminantes y la protección contra inundaciones. Cuando se considera la instalación de estructuras agroclimáticas en una zona así, se deben tener en cuenta varias consideraciones para determinar si es un lugar adecuado.

Ventajas de la Instalación en el Prat de Cabanes-Torreblanca

1. **Sinergia con la Biodiversidad Local:** Las infraestructuras agroclimáticas del proyecto LE PAPILLON SOURCE podrían integrarse armoniosamente con los ecosistemas existentes utilizando prácticas agrícolas sostenibles que fomenten la biodiversidad local. Por ejemplo, el cultivo de plantas locales y el uso de técnicas agrícolas naturales pueden fortalecer los hábitats naturales.

2. **Restauración y Preservación Ecológica:** Los proyectos agroclimáticos pueden incluir esfuerzos de restauración ecológica, ayudando a revitalizar áreas

degradadas del Prat de Cabanes-Torreblanca. Esto incluye la restauración de suelos, la plantación de especies vegetales nativas y la creación de hábitats para la fauna local.

3. **Educación y Sensibilización:** El proyecto podría servir como una plataforma educativa para sensibilizar al público sobre la importancia de las zonas húmedas y las prácticas agrícolas sostenibles. Los visitantes y residentes podrían aprender cómo la agricultura puede coexistir con la conservación ecológica.

4. **Gestión del Agua:** Las tecnologías modernas de riego y gestión del agua utilizadas en los complejos agroclimáticos pueden mejorar la eficiencia en el uso del agua en la región. El uso de sistemas de recolección y reciclaje de agua podría contribuir a la conservación de los recursos hídricos locales.

Desafíos y Consideraciones

1. **Fragilidad del Ecosistema:** El Prat de Cabanes-Torreblanca es una zona húmeda frágil, y cualquier construcción o actividad humana debe planificarse cuidadosamente para evitar la perturbación de los hábitats naturales. Es esencial una evaluación de impacto ambiental exhaustiva.

2. **Regulación Ambiental:** Las zonas húmedas suelen estar protegidas por regulaciones estrictas destinadas a preservar su integridad ecológica. El proyecto deberá cumplir con todas las leyes y regulaciones locales, nacionales y europeas relacionadas con las zonas protegidas.

3. **Riesgo de Contaminación:** Aunque las infraestructuras agroclimáticas están diseñadas para ser ecológicamente responsables, siempre existe el

riesgo de contaminación por nutrientes y productos agrícolas. Se deben implementar medidas estrictas para prevenir cualquier contaminación del suelo y el agua.
4. **Infraestructuras y Accesibilidad:** La instalación de infraestructuras en una zona húmeda puede presentar desafíos logísticos, como el acceso, la construcción en terrenos potencialmente inestables y la gestión de recursos naturales sin alterar el equilibrio ecológico.

Conclusión

El Prat de Cabanes-Torreblanca podría ser un lugar adecuado para albergar las estructuras agroclimáticas del proyecto LE PAPILLON SOURCE, siempre y cuando el proyecto sea diseñado e implementado de manera que respete y valore el frágil ecosistema de esta zona húmeda. Esto requerirá una planificación meticulosa, evaluaciones de impacto ambiental rigurosas y una cooperación estrecha con las autoridades locales y expertos en conservación.

Los beneficios potenciales incluyen no solo la revitalización ecológica y el aumento de la biodiversidad, sino también la oportunidad de transformar la región en un modelo de desarrollo sostenible que pueda servir de ejemplo e inspiración para otras regiones del mundo. Además, como lugar de educación y sensibilización, el proyecto puede fortalecer la comprensión y la apreciación de la importancia de las zonas húmedas y las prácticas agrícolas sostenibles entre los visitantes y residentes.

7 – LE PAPILLON SOURCE es mucho más ventajoso financieramente que el PAI del Golf de Torreblanca

Evaluar qué proyecto es más interesante financieramente para la comuna de Torreblanca y sus habitantes implica considerar diversos factores económicos, ambientales y sociales a corto y largo plazo. Aquí se presenta un análisis comparativo de los dos proyectos desde el punto de vista financiero.

PAI del Golf de Torreblanca

Ventajas Financieras a Corto Plazo

1. **Inversión Inicial:** El proyecto del PAI del Golf representa una inversión importante con la construcción de viviendas, hoteles y zonas comerciales, generando ingresos inmedlatos para las empresas de construcción locales.
2. **Creación de Empleos:** El desarrollo de esta infraestructura creará empleos durante y después de la construcción, estimulando así la economía local a corto plazo.
3. **Ingresos Fiscales:** Las nuevas propiedades y empresas generarán ingresos fiscales para la comuna, incluyendo los impuestos sobre la propiedad y los ingresos comerciales.

Desafíos Financieros

1. **Altos Costos de Infraestructura:** La necesidad de garantizar el suministro de agua mediante la construcción de conexiones a una planta de desalinización representa un costo inicial elevado, estimado en 12 millones de euros.
2. **Incertidumbres y Riesgos Financieros:** La incertidumbre sobre la firma del acuerdo con Acuamed para el suministro de agua y las garantías financieras requeridas (15,6 millones de euros) plantean importantes riesgos financieros.
3. **Dependencia de Socios Externos:** La realización del proyecto depende de asociaciones con entidades externas, aumentando los riesgos de retraso o fracaso.

LE PAPILLON SOURCE

Ventajas Financieras a Corto Plazo

1. **Financiación Participativa:** El modelo de financiación participativa por varias pequeñas comunas a través de Agrupaciones de Interés Económico reduce la carga financiera directa sobre Torreblanca, repartiendo los costos iniciales.
2. **Subvenciones y Financiación Internacional:** Como proyecto innovador y sostenible, LE PAPILLON SOURCE es elegible para diversas subvenciones y financiación internacional, especialmente de la Unión Europea y organizaciones medioambientales.
3. **Creación de Empleos Locales:** El desarrollo de parques temáticos y complejos agroclimáticos creará

empleos locales en sectores variados, desde la agricultura sostenible hasta el turismo educativo.

Ventajas Financieras a Largo Plazo

1. **Turismo Sostenible:** Atraer turistas interesados en el turismo sostenible y educativo asegura un flujo de ingresos estable y creciente, menos sujeto a las fluctuaciones estacionales del turismo de masas.
2. **Valorización de los Terrenos:** La creación de estos complejos aumentará el valor de los terrenos circundantes, ofreciendo oportunidades de desarrollo adicional para la comuna.
3. **Retorno de Inversión:** Las regalías generadas por las actividades turísticas y educativas se compartirán entre las comunas participantes, proporcionando un retorno de inversión continuo.

Desafíos Financieros

1. **Tiempo de Implementación:** El desarrollo de infraestructuras con el sello LE PAPILLON SOURCE puede tomar más tiempo en comparación con proyectos de construcción convencionales.
2. **Beneficios a Largo Plazo:** Aunque los beneficios financieros son potencialmente muy altos a largo plazo, los ingresos inmediatos pueden ser más bajos en comparación con las ganancias rápidas del PAI del Golf.

Conclusión

Corto Plazo

- El PAI del Golf de Torreblanca parece más ventajoso financieramente a corto plazo debido a las inversiones inmediatas, la rápida creación de empleos y los ingresos fiscales directos. Sin embargo, estos beneficios vienen acompañados de altos riesgos financieros relacionados con el suministro de agua y las garantías financieras necesarias.

Largo Plazo

- LE PAPILLON SOURCE ofrece ventajas financieras más robustas y sostenibles a largo plazo. Su modelo de financiación participativa, las posibles subvenciones y la estabilidad de los ingresos turísticos sostenibles crean un marco financiero más seguro y prometedor. Los riesgos financieros son menores y están repartidos entre varias comunas, lo que disminuye la carga financiera sobre Torreblanca.

Para los Habitantes de Torreblanca

- LE PAPILLON SOURCE es más atractivo en términos de sostenibilidad ambiental y calidad de vida, con beneficios financieros a largo plazo que favorecen un desarrollo económico estable y diversificado. El proyecto también refuerza el compromiso comunitario y la protección de los recursos naturales locales, asegurando una mejor calidad de vida para los residentes.

En resumen, aunque el PAI del Golf de Torreblanca puede ofrecer ganancias financieras rápidas, LE PAPILLON SOURCE presenta una oportunidad financieramente más viable y estable a largo plazo para la comuna y sus habitantes, además de estar más alineado con los objetivos de sostenibilidad y resiliencia económica.

8 – LE PAPILLON SOURCE – Una capacidad de financiamiento importante y progresiva

Las comunas que se integren en el Agrupamiento de Interés Económico (GIE) societario español financiarán colectivamente la compra de terrenos rústicos a los propietarios actuales en el Prat de Cabanes-Torreblanca. Estos terrenos se convertirán en propiedad del Agrupamiento de comunas. En estos terrenos, los complejos ecopaisajísticos agroclimáticos con la etiqueta LE PAPILLON SOURCE se implantarán progresivamente.

Cuanto más se desarrolle el GIE societario con la adhesión de nuevas comunas españolas, más podrá el agrupamiento adquirir nuevos terrenos rústicos. Así, la capacidad de financiamiento del proyecto aumentará progresivamente y de manera significativa con el tiempo. Este mecanismo es poderoso porque permite una capacidad de financiamiento muy progresiva y considerablemente incrementada con el tiempo.

9 – Las comunas españolas pueden realizar una operación de este tipo

En España, las comunas disponen de cierta autonomía en la gestión de sus asuntos locales, incluida la capacidad de asociarse y formar entidades como los Agrupamientos de Interés Económico (GIE) para proyectos comunes. Sin embargo, hay consideraciones legales y reglamentarias que deben tenerse en cuenta para asegurar que este tipo de iniciativa cumpla con las leyes locales y nacionales. Aquí hay algunos puntos a considerar:

1. **Marco Legal y Reglamentario**:

• **Ley de Bases del Régimen Local**: Esta ley rige la organización y funcionamiento de las comunas en España. Permite la cooperación entre comunas mediante la formación de "mancomunidades" (comunidades de comunas) y consorcios para la gestión de servicios y la realización de proyectos comunes.

• **Marco Europeo**: Los Agrupamientos de Interés Económico (GIE) también están regidos por directivas europeas, especialmente en lo que respecta a aspectos fiscales y de competencia.

2. **Adquisición de Terrenos**:

• **Procedimientos de Adquisición**: Las comunas pueden comprar terrenos para proyectos públicos, pero deben respetar los procedimientos de adquisición de bienes inmuebles, incluidos los concursos y las evaluaciones.

• **Uso de los Terrenos**: Los terrenos adquiridos deben ser utilizados para proyectos de interés público. El uso debe ser compatible con los planes de urbanismo locales y regionales.

3. **Aspectos Financieros**:

• **Presupuesto Comunal**: Las comunas deben asegurar que los fondos públicos se utilicen de manera adecuada y transparente. La participación financiera en un GIE debe ser presupuestada y aprobada por los consejos municipales.

• **Subvenciones y Financiamientos**: Las comunas pueden buscar subvenciones y financiamientos, incluidos fondos europeos, para apoyar tales proyectos.

4. **Consideraciones Ambientales**:

• **Protección de Zonas Húmedas**: Dado que el Prat de Cabanes-Torreblanca es una zona húmeda, se aplican normativas estrictas de protección ambiental. Cualquier intervención debe respetar las leyes de conservación de la biodiversidad y las directrices de la "Red Natura 2000".

Conclusión:

En teoría, las comunas españolas pueden reunirse para formar un GIE y financiar la compra de terrenos para proyectos como LE PAPILLON SOURCE. Sin embargo, esto requiere una planificación rigurosa, el cumplimiento de las normativas locales y nacionales, y una gestión financiera prudente. Las comunas también deben asegurar que sus iniciativas cumplan con las leyes ambientales, especialmente en zonas protegidas como el Prat de Cabanes-Torreblanca. Se recomienda consultar con expertos en derecho público, finanzas locales y medio ambiente para garantizar la conformidad y el éxito del proyecto.

10 – LE PAPILLON SOURCE – Una revolución política y cultural en España

El proyecto LE PAPILLON SOURCE propone una verdadera revolución en el panorama político y cultural de España al redefinir el papel de las pequeñas comunas, a menudo desatendidas, y al ofrecerles una oportunidad única de empoderamiento y dinamización. Aquí se explica cómo estas innovaciones transformarán el país:

1. **Rol de Emprendedor para las Comunas**

El proyecto introduce un modelo en el que las comunas, en particular aquellas con menos de 5.000 habitantes, asumen un rol de emprendedor. Al formar Agrupaciones de Interés Económico (GIE) sociales, estas pequeñas comunas pueden comprar colectivamente terrenos e implantar complejos ecopaisajísticos agroclimáticos. Este enfoque colectivo y participativo permite mutualizar los recursos y distribuir los riesgos financieros, ofreciendo así una mayor viabilidad económica. Por primera vez, las pequeñas comunas tendrán un impacto significativo en su propio desarrollo, escapando de la dependencia de subvenciones y decisiones centralizadas.

2. **Empoderamiento y Dinamización de Territorios Aislados**

Los complejos ecopaisajísticos etiquetados como LE PAPILLON SOURCE están diseñados para ser autosuficientes y ecológicamente sostenibles, generando empleos locales, estimulando la economía y revitalizando las zonas rurales. Este enfoque permite revitalizar territorios aislados, a menudo enfrentados a la despoblación y a la falta de oportunidades económicas. Los habitantes se benefician directamente de esta nueva dinámica, mejorando su calidad de vida y reforzando el sentido de pertenencia a una comunidad próspera.

3. Nuevas Perspectivas de Cooperación Internacional

Al participar en el proyecto LE PAPILLON SOURCE, las pequeñas comunas españolas se convierten en actores de la cooperación internacional. Se integran en una red global de complejos agroclimáticos y educativos, facilitando los intercambios intelectuales, culturales y sociales. Este nuevo rol en la escena internacional, calificado como diplomacia social EL4DEV, permite a las comunas negociar y cooperar más allá de las fronteras nacionales, reforzando así su influencia y su capacidad para atraer inversiones y proyectos internacionales.

4. Impacto Intelectual, Cultural y Social

La diplomacia social EL4DEV ofrece a las pequeñas comunas una plataforma para compartir y desarrollar iniciativas innovadoras. Los proyectos agroclimáticos y educativos sirven como vitrinas para prácticas sostenibles y éticas, influyendo en las políticas locales y nacionales. Este enfoque holístico fomenta una cultura de colaboración, respeto al medio ambiente e innovación social, transformando las mentalidades y las prácticas políticas.

5. Revolución del Panorama Político

Con LE PAPILLON SOURCE, las pequeñas comunas acceden a un poder decisional y ejecutivo sin precedentes. Esta redistribución del poder local contrarresta las tendencias centralizadoras, fortaleciendo la democracia participativa y el compromiso ciudadano. Los electos locales son alentados a adoptar estrategias de desarrollo sostenible y a involucrar directamente a sus conciudadanos en la toma de decisiones, instaurando una gobernanza más transparente e inclusiva.

En conclusión, el proyecto LE PAPILLON SOURCE no se limita a proponer una alternativa a los modelos turísticos tradicionales. Redefine el lugar y el papel de las pequeñas comunas en la arquitectura política y económica de España, abriendo el camino a un desarrollo más equilibrado, sostenible e inclusivo. Esta revolución, impulsada por el compromiso colectivo y la innovación, promete transformar el panorama político y cultural de España, ofreciendo nuevas perspectivas de futuro para todos sus habitantes.

11 – Herramientas colaborativas y eventos transnacionales de ingeniería multidisciplinaria

Involucrar a la comuna de Torreblanca en un proceso de ingeniería multidisciplinaria internacional a través de plataformas digitales colaborativas y eventos nacionales de cooperación intelectual y artística podría tener un impacto transformador y beneficioso a varios niveles. Aquí se analiza las implicaciones y los beneficios potenciales de esta iniciativa:

1. Fortalecimiento de la Comunidad Local

Involucrar a los habitantes de Torreblanca en un proyecto global y multidisciplinario fomentará un fuerte sentido de pertenencia y orgullo local. Los residentes tendrán la oportunidad de contribuir activamente a un proyecto de gran escala internacional, lo que puede fortalecer la cohesión social y el compromiso cívico.

2. Acceso a Recursos y Conocimientos Globales

Gracias a las plataformas digitales colaborativas desarrolladas por el programa EL4DEV, Torreblanca y sus habitantes podrán acceder a una amplia red de recursos, conocimientos y habilidades internacionales. Esta colaboración interdisciplinaria facilitará el intercambio de buenas prácticas, la innovación y el aprendizaje continuo.

3. Desarrollo Económico y Oportunidades de Empleo

Los parques temáticos educativos experimentales y los complejos vegetales agroclimáticos autogestionados crearán nuevas oportunidades económicas para Torreblanca. Estos proyectos atraerán visitantes, investigadores, artistas e ingenieros de todo el mundo, estimulando así el turismo, creando empleos locales y favoreciendo el desarrollo de nuevas empresas y servicios.

4. Innovación y Sostenibilidad

Los proyectos basados en especificaciones técnicas preestablecidas y un diseño colectivo fomentarán la innovación en áreas clave como la agricultura sostenible, la gestión de recursos naturales y la educación ambiental. Torreblanca se convertirá en un modelo de sostenibilidad e innovación, inspirando a otras comunas en España y más allá.

5. Red de Cooperación Internacional

Participar en una red internacional de comunas ofrece a Torreblanca una visibilidad e influencia aumentadas en la escena mundial. Los eventos nacionales e internacionales de cooperación intelectual y artística permitirán a los habitantes compartir sus experiencias, aprender de otros y crear lazos duraderos con socios internacionales.

6. Educación y Sensibilización

Los proyectos educativos experimentales ofrecerán a los residentes, especialmente a los jóvenes, oportunidades únicas de aprendizaje práctico y participación en iniciativas de desarrollo sostenible. Esta educación práctica contribuirá a sensibilizar a las futuras generaciones sobre la importancia de la sostenibilidad, la colaboración y la innovación.

7. Empoderamiento y Gobernanza Local

Al asumir un papel activo en el diseño y la gestión de los proyectos, los habitantes de Torreblanca estarán mejor posicionados para tomar decisiones informadas y autónomas sobre su futuro. Esto fortalecerá la gobernanza local y la capacidad de la comuna para gestionar eficazmente sus recursos y proyectos.

Conclusión

La implicación de la comuna de Torreblanca en un proceso de ingeniería multidisciplinaria internacional a través de plataformas colaborativas y eventos de cooperación representa una oportunidad excepcional para la comuna y sus habitantes. Este modelo de colaboración e innovación podría transformar a Torreblanca en un líder en materia de sostenibilidad, desarrollo económico y cooperación internacional, al tiempo que ofrece beneficios tangibles a los residentes locales. Es una visión ambiciosa que, si se realiza, podría servir de modelo para muchas otras comunas en todo el mundo.

12 - Conclusión

Torreblanca podría tener un gran destino y verse propulsada en la escena nacional e internacional al adoptar un papel de líder en su apoyo al desarrollo del proyecto LE PAPILLON SOURCE.

Este proyecto ofrece una oportunidad única para que la comuna se convierta en un modelo de innovación, sostenibilidad y colaboración internacional. Al elegir LE PAPILLON SOURCE, Torreblanca y sus habitantes pueden posicionarse a la vanguardia de un movimiento mundial por un futuro mejor, al tiempo que dinamizan su economía local y fortalecen su comunidad.

Optar por el proyecto LE PAPILLON SOURCE en lugar del PAI del Golf de Torreblanca es sin duda la mejor elección que podría adoptar la comuna y sus habitantes.

Esta decisión permitiría a Torreblanca convertirse en una referencia en materia de desarrollo sostenible y empoderamiento local, al mismo tiempo que ofrece perspectivas prometedoras para las generaciones futuras.

Al abrazar esta visión innovadora, Torreblanca puede erigirse en símbolo de la transformación positiva y de la cooperación internacional, abriendo el camino hacia un futuro próspero y armonioso.

13 – Los Proyectos de Paul Elvere DELSART

El Imperio Verde de Oriente y de Occidente (también llamado La Confederación EL4DEV)

Se trata de una visión, un concepto societal que se presenta en forma de un juego de rol en vivo de realidad alterna, un juego de estrategia multijugador masivo en el que la delimitación entre la ficción y la realidad es particularmente imperceptible o incluso inexistente. Este juego atípico es altamente experiencial y transformador a nivel cultural, ya que los actores actúan como reformadores de todas las estructuras y códigos de la sociedad. Su particularidad: una narración transmedia muy innovadora - El Imperio Verde de Oriente y de Occidente es un vasto imperio ecológico y societal sin igual en la historia de la humanidad por sus características atípicas; un imperio altamente próspero en el tiempo; un imperio en el que todas las naciones y territorios son soberanos y autosuficientes. Se trata de una confederación de individuos y pequeñas comunas situadas en los cuatro rincones del mundo que interactúan de manera descentralizada a través de numerosos acuerdos de cooperación con un objetivo común. También llamado LA CONFEDERACIÓN EL4DEV, el Imperio actúa como un organismo supranacional ético, una especie de ONU alternativa. El Imperio Verde de Oriente y de Occidente tiene su plan de acción (el programa EL4DEV) y cuenta con sus infraestructuras (las ciudades y complejos ecopaisajísticos etiquetados LE PAPILLON SOURCE y sus calderas vegetales). El Imperio Verde de Oriente y de Occidente es la realización de varias uniones político-sociales integradas por numerosos pueblos, comunas y naciones de todo el mundo. Su red está tejida gracias a un nuevo modelo diplomático: la diplomacia societal EL4DEV. Está construido sobre un nuevo movimiento de pensamiento que conduce a una reestructuración socio-organizacional de la sociedad mundial: el Secundo movimiento de Renacimiento EL4DEV.

El programa «EL4DEV»

Programa madre de ingeniería participativa pluridisciplinaria, procedimiento de ingeniería social positiva, mecanismo de constructivismo social - Plan de acción para la implementación del Imperio Verde de Oriente y de Occidente - El programa transnacional «EL4DEV», un programa tanto ambiental, societal como político, es un marco altamente estimulante que integra un vasto conjunto de herramientas adecuadas para iniciar cooperaciones masivas y acciones de progreso sin precedentes entre los pueblos y las naciones. El objetivo es empoderar a los pueblos y establecer una nueva sociedad civil justa y equilibrada modificando los entornos socio-organizacionales de todos los territorios del mundo.

El subprograma y sello LE PAPILLON SOURCE

LE PAPILLON SOURCE es un programa transnacional de promoción y diseño participativo de un vasto conjunto de ciudades experimentales turísticas y educativas y complejos ecopaisajísticos agroclimáticos, todos autogestionados e interconectados en los 5 continentes - Son los escaparates de los procesos diseñados y/o promovidos y de la filosofía del programa «EL4DEV» y por tanto del Imperio Verde de Oriente y de Occidente. Desarrollos territoriales del sello:

- LE PAPILLON SOURCE MEDITERRANEE
- LE PAPILLON SOURCE INNER AFRICA
- LE PAPILLON SOURCE INNER EUROPE
- LE PAPILLON SOURCE INNER ASIA
- LE PAPILLON SOURCE INNER OCEANIA
- LE PAPILLON SOURCE INNER AMERICA
- LE PAPILLON SOURCE PACIFIC

El subprograma EL CONTRAATAQUE DE LOS MUNICIPIOS

EL CONTRAATAQUE DE LOS MUNICIPIOS es un programa transnacional de cooperación intercomunal para el desaislamiento y revitalización de territorios aislados y desprovistos. Varias comunas (especialmente las más pequeñas - menos de 3000 habitantes) se reúnen en Agrupaciones de Interés Económico societales con el fin de cofinanciar eventos transnacionales de cooperación descentralizada y las infraestructuras innovadoras del PAPILLON SOURCE. A cambio, los ingresos financieros derivados del modelo económico de las ciudades turísticas (ciudades madre) se reembolsan a los agrupamientos (1 agrupamiento por país) y, por tanto, a las diversas comunas implicadas con el fin de iniciar transformaciones sociales importantes en estas comunas.

Las infraestructuras

Parques temáticos educativos agroclimáticos autogestionados (Ciudades turísticas)

Se trata del primer modelo de ciudades etiquetadas LE PAPILLON SOURCE - Son lugares de vacaciones en el marco de estancias educativas y experimentales todo incluido.

Complejos ecopaisajísticos agroclimáticos autogestionados (Ciudades autogestionadas bancos alimentarios)

Se trata del segundo modelo de ciudades etiquetadas LE PAPILLON SOURCE - No son turísticas (sin modelo económico), son más pequeñas y representan centros de producción agrícola y regeneración de ecosistemas. La producción (100% vegetal) no se comercializa sino que se distribuye gratuitamente a asociaciones locales que se encargan de ayudar a los más necesitados. Uno de los objetivos de este grupo de complejos interconectados es la autosuficiencia alimentaria de las naciones.

Las calderas vegetales

Son los módulos clave/generadores agroclimáticos de las ciudades y complejos etiquetados LE PAPILLON SOURCE - Se trata de parques verticales con una estructura metálica y cubiertos de vegetación que se visitan en 3D y se presentan como santuarios y refugios para abejas y numerosas especies de aves. Estas estructuras emiten una cantidad importante de ondas electromagnéticas que influyen positivamente en los seres vivos a su alrededor y tienen una función clave en geobiología (punto de acupuntura en la red telúrica terrestre). En la arquitectura de las ciudades y complejos etiquetados LE PAPILLON SOURCE, las calderas vegetales son las piezas maestras, los módulos pioneros a implementar antes que todo lo demás. Son financiadas por el subprograma EL CONTRAATAQUE DE LOS MUNICIPIOS y son elementos estratégicos para la revitalización de los territorios, a menudo situados a lo largo de las líneas de ferrocarril (medio de transporte privilegiado en el Imperio Verde de Oriente y de Occidente).

Las herramientas clave

Iniciativas de Cooperación Intelectual Transnacional (I.C.I.T.)

Eventos transnacionales en línea de cooperación intelectual y científica para el diseño participativo de las ciudades y complejos etiquetados LE PAPILLON SOURCE - Son financiados por el programa EL CONTRAATAQUE DE LOS MUNICIPIOS.

Iniciativas de Cooperación Artística Transnacional (I.C.A.T.)

Eventos transnacionales en línea de cooperación artística para la conceptualización y promoción visual de las ciudades y complejos etiquetados LE PAPILLON SOURCE - Son financiados por el programa EL CONTRAATAQUE DE LOS MUNICIPIOS.

Las fuentes de financiación pública

Subprograma LES COMMUNES CONTRE ATTAQUENT

Financiación por una Agrupación societal intercomunal de eventos de cooperación transnacional e infraestructuras (LE PAPILLON SOURCE incluyendo LAS CALDERAS VEGETALES) - Se trata de cooperación descentralizada (sin intervención de los estados) - A cambio, los ingresos financieros derivados del modelo económico de las ciudades turísticas (ciudades madre) se reembolsan a las agrupaciones (1 agrupación por país) y, por tanto, a las diversas comunas implicadas con el fin de iniciar transformaciones sociales importantes en estas comunas.

Las fuentes de financiación adicionales

Financiación participativa

Financiación de obras (incluyendo prepedidos), eventos de cooperación, terrenos para la construcción de infraestructuras o simplemente la producción agrícola y de material.